*Louis Reybaud*

# Les Chaires d'Économie politique en France

*Essai*

 Le code de la propriété intellectuelle du 1er juillet 1992 interdit en effet expressément la photocopie à usage collectif sans autorisation des ayants droit. Or, cette pratique s'est généralisée dans les établissements d'enseignement supérieur, provoquant une baisse brutale des achats de livres et de revues, au point que la possibilité même pour les auteurs de créer des œuvres nouvelles et de les faire éditer correctement est aujourd'hui menacée. En application de la loi du 11 mars 1957, il est interdit de reproduire intégralement ou partiellement le présent ouvrage, sur quelque support que ce soit, sans autorisation de l'Éditeur ou du Centre Français d'Exploitation du Droit de Copie , 20, rue Grands Augustins, 75006 Paris.

ISBN : 978-1985740914

10  9  8  7  6  5  4  3  2  1

*Louis Reybaud*

# Les Chaires d'Économie politique en France

*Essai*

## Table de Matières

**Introduction** 6

**Section I** 7

**Section II** 30

## Introduction

Il s'est fait une trêve dans les débats longtemps engagés au sujet de l'économie politique. On la discute moins depuis qu'on peut la voir à l'œuvre. Le public est devenu le vrai juge du camp. Ceux qui l'ont constamment défendue attendent avec confiance qu'elle démontre et affermisse ses principes par ses actes. Ceux qui l'ont combattue semblent désarmés par l'évidence des résultats d'une première application sous la forme de traités de commerce. La cause est à peu près gagnée, et il est à remarquer que ni les circonstances ni la disposition des esprits ne lui étaient favorables. Si l'épreuve a réussi, c'est malgré les accidents qui lui faisaient échec, — la réduction des débouchés américains, la gêne des finances publiques et privées, la paix menacée ou rompue. Une seule de ces causes eût suffi pour déconcerter toute autre doctrine dans le passage laborieux de la spéculation à la pratique ; celle-ci n'en a pas été affectée et a tenu ses promesses. On avait annoncé qu'elle multiplierait les ruines ; il n'y a eu de ruines que pour les industries qui se sont égarées hors de leurs voies en sacrifiant au goût du jeu et à l'esprit d'aventures. On avait dit qu'un changement de régime serait un trouble sans compensation, et déjà l'on peut voir ce que notre activité a gagné à sortir de son isolement. L'industrie s'est délivrée des fantômes qui l'obsédaient, son domaine s'est étendu au lieu de se restreindre ; elle est mieux armée, plus aguerrie, et revient de ses alarmes et de ses préventions à mesure qu'elle se sent plus sûre et plus contente d'elle-même. En même temps cette réciprocité des intérêts a amené entre les états de meilleurs rapports, apaisé de vieux dissentiments et diminué les occasions de choc, qui naissent du contraste de leurs génies.

Ces changements, où l'influence de l'économie politique est manifeste, lui ont valu des lettres de naturalisation ; elle a désormais une voix dans l'administration de la fortune de la France. Entrée si avant dans les faits, il ne lui restait qu'à s'introduire à titre égal dans l'enseignement. Sa réhabilitation, pour être entière, devait s'étendre des actes aux principes. C'est ce qu'a pensé le ministre de l'instruction publique, et sur sa proposition un décret du 17 septembre 1864 a créé une chaire d'économie politique à la faculté de droit de Paris. M. Batbie en est le professeur titulaire. De son côté, le ministre du commerce s'est associé à ce retour de justice par une réparation qui lui fait honneur. Il y avait eu, en 1852, au Conservatoire des arts et métiers, un changement d'attributions qui ressemblait à une disgrâce pour l'économie politique. On l'avait frappée par prétention, on avait dénaturé une chaire en vue de l'exclure. Un décret du 26 octobre rétablit le nom de la science dans le programme des cours ; M. Wolowski est désigné pour la professer. Voilà donc deux chaires, l'une créée, l'autre restaurée, de date récente et dignement remplies. Ce sont là des gages très significatifs, et pour les donner il a fallu un certain courage. On va s'en convaincre par le récit des vicissitudes qu'a essuyées l'enseignement économique. Ce récit aura pour objet de montrer une fois de plus les résistances que rencontrent les vérités qui s'attaquent à des intérêts établis, puis de suivre dans cette tâche ingrate les hommes qui s'y sont dévoués, il y a toujours profit pour une science à bien fixer ses traditions, et les meilleures se rattachent aux époques militantes. Nous allons passer en revue ces commencements, marquer en traits rapides ce que fut, quel sillon traça la première génération de professeurs. Nous ne parlerons que des morts qui ont ouvert les portes à ceux qu'on applaudit aujourd'hui. Nous dirons ensuite ce que doit être à notre sens et au temps où nous sommes l'enseignement économique pour pénétrer plus avant dans les esprits et seconder le mouvement d'opinion qui se prononce en sa faveur.

## Section I

Tant que dura le premier empire, une science qui se fonde sur la liberté des rapports n'avait guère de chances d'être écoutée. La mettre à l'index entrait dans les plans d'une politique qui au dehors s'isolait de ce qu'elle n'absorbait pas, et au dedans étendait les servitudes de police à tous les détails de l'activité privée qu'elles pouvaient atteindre. Il y eut donc alors, quoi qu'on en ait dit, un temps d'arrêt très marqué dans la marche de l'économie politique. Un fait peu connu va le prouver. En 1803, en plein consulat, avait paru le *Traité d'économie politique* de Jean-Baptiste Say ; les éléments de la science y étaient résumés de la manière la plus claire et la plus concise. Le succès avait été prompt, le débit rapide ; le public prenait goût à ces nouveautés. Ce n'était pas le compte de l'homme qui taillait un gouvernement à sa guise et n'entendait pas être troublé dans cette opération. Ni l'auteur, ni ses idées, ne lui agréaient. Jean-Baptiste Say était membre du tribunat, corps indocile qui allait être mutilé. Suspect à ce titre, il venait de se rendre plus suspect encore par les hardiesses de sa publication. L'indépendance, quelque forme qu'elle prît, était alors de nature à déplaire. Le premier consul toutefois aimait mieux rallier les hommes qui avaient fait leurs preuves que de briser leur carrière. Jean-Baptiste Say fut invité à dîner à la Malmaison, et au sortir de table, dans les allées du parc, s'engagea un entretien dont les détails ont été recueillis avec soin. Le premier consul y apporta sa vivacité ordinaire. Il parla d'abord du délabrement des finances, de l'intention où il était de les relever, et il exposa ses moyens, qui n'avaient plus, selon lui, besoin que de bons auxiliaires. Puis il en vint aux livres et dit dans quel esprit ils devaient être conçus : il attendait des auteurs des services et non des conseils. Le *Traité*, par exemple, dont il ne contestait pas le mérite, deviendrait bien meilleur, s'il pouvait être converti en ouvrage de circonstance à l'appui de ses projets. C'était déclarer que l'économie politique ne serait désormais supportée qu'à la condition d'être officieuse. Devant ces ouvertures, qui renfermaient à la fois une avance et une menace, Jean-Baptiste Say ne fléchit pas ; il ne se laissa ni gagner ni désarmer. Il mit son refus sur le compte de la science, qui ne se prêtait pas à ces accommodements. Le premier consul comprit à qui il avait affaire et rompit brusquement l'entretien. La revanche ne se fit pas attendre. À quelque temps de là, le nom de Jean-Baptiste Say figurait dans la liste des épurations du tribunat ; il est vrai que par compensation on le nommait directeur des contributions indirectes. Quoique sans fortune et chargé de famille, il déclina ces fonctions. Plus tard, un dernier coup lui fut porté, le plus criant de tous, La seconde édition de son *Traité* allait être mise sous presse ; la direction de la librairie frappa l'ouvrage d'interdit. Condamné au silence, Jean-Baptiste Say se rejeta vers l'industrie, et devint filateur de coton. Pendant douze années de sa vie, dans la maturité de son talent, sa plume fut enchaînée, et il racontait lui-même qu'il cacha, de peur d'une descente de police, le manuscrit de sa seconde édition.

La restauration montra plus de tolérance. Parmi les sciences, il s'en trouvait qui étaient peu de son goût, et l'économie politique était du nombre ; aucune d'elles, ne fut frappée préventivement. Il y eut même pour la science économique, entre 1814 et 1820, une sorte de floraison qui s'étendit à toute l'Europe. À Genève Sismondi, en Angleterre Mac-Culloch, Ricardo et Tooke en agitaient les problèmes ; en Allemagne, elle avait pour interprètes le docteur Kraus et le comte de Soden, dans le royaume de Pologne Frédéric Skarbek, en Espagne Florès Estrada. À Saint-Pétersbourg, le docteur Storch l'enseignait aux grands-ducs de Russie. En France, le *Traité* de Say, affranchi d'un long séquestre, arrivait en six ans à sa quatrième édition. Partout s'élevaient des écoles économiques qu'animait le talent et que fortifiait le débat. La nôtre n'était ni la moins influente ni la moins honorée. Le gouvernement d'alors jugea opportun de faire quelque chose pour elle : une mission officielle fut confiée à Jean-Baptiste Say. Il devait aller en Angleterre et s'assurer de l'état de l'industrie en ce pays. On lui demandait d'observer plutôt que de commenter les faits, d'étudier les nouveaux procédés manufacturiers, et de rendre compte au ministre de ce qu'il aurait vu et recueilli. Ce voyage fut des plus heureux. L'économiste porta sur toutes choses son œil exercé, entra dans les ateliers, visita les universités, et y reçut un bon accueil. À Glasgow, on l'invita à s'asseoir dans la chaire où avait professé Adam Smith ; à Londres, il forma des liaisons d'un grand prix et dans le sens de ses études, De retour en France, il était mieux armé, plus maître de son sujet. Le rapport qu'il adressa au ministre alla, comme d'habitude, s'enfouir dans la poussière des cartons ; mais la substance en passa dans des livres destinés à durer. Sous cette forme, l'enseignement avait désormais son plein exercice ; il ne lui restait qu'à se produire sous la forme orale et à passer du cabinet du savant dans la chaire du professeur. C'est à ce mode d'exposition que pensa Jean-Baptiste Say dans les années qui suivirent son voyage. À défaut de chaires officielles, on pouvait recourir à des chaires libres ; ce fut dans l'une d'elles que l'économie politique se ménagea un accès et fit ses débuts.

Il existait en 1815 un Athénée où les lettres et les sciences se partageaient dans des proportions inégales la matière des cours, Pourvue d'une autorisation, cette institution ne laissait à ses professeurs que les libertés compatibles avec la politique du temps, C'était un embarras pour Say, qu'on peut appeler un libéral de la première heure, et d'autant plus ferme qu'il ne se rattachait à aucun parti. Il avait sur les fonctions d'un gouvernement, quel qu'il fût, des opinions peu respectueuses, et se sentait plus disposé à limiter ces fonctions qu'à les élargir. Dans une chaire, de tels sentiments ne pouvaient être exprimés que d'une manière très adoucie. Say ne se refusa pas aux tempéraments nécessaires ; il prépara ses leçons avec soin et en écarta ce qui aurait causé de l'ombrage. Le cours fut ouvert et très suivi. Le tour en était familier, bien approprié à l'auditoire, semé de détails qui venaient à l'appui des démonstrations et faisaient entrer les points de doctrine dans les intelligences les moins préparées. Ce cours est resté manuscrit ; l'objet de l'économiste était rempli, et n'allait pas au-delà d'un effet de circonstance. L'orateur avait voulu s'essayer et essayer le public dans le genre qu'il avait choisi ; l'épreuve avait été bonne : les applaudissements n'avaient manqué ni à la science ni à son interprète. Il semblait démontré qu'un cours d'économie politique avait des chances de réussir, même dans un cadre plus méthodique ; le succès ne dépendait que de l'art du professeur. Dans le monde savant, ce n'était plus l'objet d'un doute ; les encouragements se multipliaient ; des hommes accrédités se mettaient à la disposition de Say pour faire les premières démarches. Le plus actif, le plus dévoué, fut le baron Thénard. On s'aboucha, on s'entendit sur le plan à suivre pour forcer les portes de l'enseignement officiel. Il y avait plus d'une prévention à vaincre et plus d'un combat à livrer. À quelque corps qu'on s'adressât, Collège de France, facultés, Conservatoire des arts et métiers, on rencontrait un conseil de professeurs qui répugnait aux adjonctions, ou ne s'y prêtait que de mauvaise grâce. D'autres obstacles plus sérieux se présentaient. L'esprit des chambres législatives se portait chaque jour avec plus de violence vers un régime de protection pour les industries. C'était comme un vertige d'un caractère si tenace qu'il n'est pas encore détruit ; un ministre ne l'eût pas affronté impunément. Créer des chaires d'économie politique eût passé pour une trahison. Était-ce là une science ? Non, mais une machine de guerre sous un nom spécieux. Ce nom seul constituait une révolte contre les pouvoirs établis et les pratiques dominantes, une censure des lois rendues ou des lois en projet, une atteinte au respect dont elles devaient rester environnées. Ainsi parlait-on sur les bancs de la majorité : pour les uns, l'économie politique était une puissance, et on lui opposait des raisons d'état ; pour les autres, c'était une faction contre laquelle il eût fallu sévir. Qu'attendre d'esprits ainsi disposés, si ce n'est des dénis de justice ?

Ces empêchements ne ralentirent pas le zèle des intermédiaires qui avaient ouvert les négociations. Ils n'avaient à leur service qu'un argument décisif, et ils le firent obstinément valoir. Ce que l'Europe adoptait avec une faveur qui n'était pas équivoque, la France ne pouvait le repousser de parti-pris et sans expérience préalable. À ces instances le gouvernement n'opposa d'abord qu'une force d'inertie. Enfin, après de longs ajournements, il consentit, en 1819, à mettre la question à l'étude. On devait examiner dans quel corps enseignant l'économie politique pouvait être introduite, et subsidiairement sous quelle étiquette on l'y introduirait. Le Collège de France fut écarté tout d'abord, les résistances y étaient trop vives. Dans les facultés, le conseil des professeurs ne s'était pas prononcé ; peut-être montrerait-il plus de bonne volonté. Un arrêté fut discrètement préparé ; il décidait en principe qu'une chaire d'économie politique serait créée à la faculté de droit. Quand et comment, le document était mulet là-dessus. En réalité, il n'est devenu exécutoire qu'en 1864, après quarante-cinq ans de sommeil. Restait le Conservatoire des arts et métiers ; ici l'affaire était en bonnes mains et fut vivement menée. Le baron Thénard y mit une ardeur qui ne se démentit pas. C'est une justice à rendre à sa mémoire qu'on lui doit la première chaire d'économie politique établie en France ; Jean-Baptiste Say s'effaça derrière lui et n'agit que par ses inspirations et ses conseils. Pour ne pas causer d'éclat, il fallut donner à cette chaire des habits d'emprunt, la faire aussi humble, aussi modeste que possible. Son objet fut défini d'avance par le professeur qui devait l'occuper et réduit à des termes qu'il ne devait ni modifier ni dépasser : précautions singulières, et qui montrent à quel point l'homme et les idées étaient suspects ! C'est dans une lettre adressée à Thénard, et concertée entre eux, que Say s'en explique. Point d'airs de conquête ni de plans ambitieux. Il conformera ses leçons à l'esprit de l'établissement où il désire être admis, et qui à ses yeux est l'école supérieure de l'industrie.

Il s'adressera moins aux ouvriers qu'aux entrepreneurs, qui, faute de notions exactes, conduisent leurs travaux un peu à l'aventure. Il leur dira comment et en quoi les arts concourent à créer les valeurs, il leur apprendra à se rendre compte de leurs opérations, à faire entrer dans leurs calculs plus d'éléments d'exactitude, en un mot à réfléchir pour bien agir. C'est là ce qu'il se propose et ce qui lui semble être un complément utile aux cours existants. Le commerce en pourra tirer parti comme l'industrie et y puiser des règles plus sûres de conduite ; l'administration elle-même y trouvera cet avantage, de se délivrer de beaucoup d'obsessions et d'établir plus facilement la balance entre des intérêts plus éclairés ; Telle était cette lettre qui devait être soumise au comité. Un langage si mesuré ne pouvait manquer son effet : l'avis fut favorable, et peu de temps après le ministre y déféra. Tout semblait terminé, et pourtant ce fut bientôt une œuvre à reprendre. La création d'une chaire était résolue, mais comment la qualifierait-on ? Le titulaire s'était montré assez modéré sur les choses pour qu'on n'épiloguât pas sur les mots. Ce qu'il voulait faire, il l'avait formellement déclaré, c'était de l'économie politique appliquée à l'industrie. Rien de plus, rien de moins. Même avec ce correctif, le nom parut malsonnant, l'enseigne trop significative ; on voulait au moins sauver les apparences. Conseil pris, le cours d'économie politique devint un cours d'économie industrielle, et ce fut sous ce titre qu'il figura en 1820 sur le programme du Conservatoire des arts et métiers.

L'enfantement avait été laborieux ; il n'eut aucune des suites contre lesquelles on s'était mis en garde. Say tint ce qu'il avait promis ; il ne chercha point le bruit, ne visa point à l'effet. Il n'y avait chez lui de passion que pour les vérités dont il avait pris la défense, et qu'il ne voulait compromettre ni par des allusions transparentes, ni par des éclats intempestifs. Il lui suffisait de les exposer dans l'ordre qu'il s'était assigné et avec les ménagements auxquels il avait souscrit. Il savait, d'une part, que le moindre écart serait dénoncé et nuirait à une science plutôt soufferte que reconnue, de l'autre il lui eût répugné de tourner contre le gouvernement, par un artifice quelconque, la mission qu'il en avait reçue. Il n'y eut donc point d'orages autour de sa chaire pendant les dix ans qu'il l'occupa. Dès les premières séances, la foule était accourue, et dans ses rangs dominaient les gens avides d'émotions. Ils furent déçus par l'attitude du professeur, et s'éloignèrent d'un amphithéâtre qui répondait mal à leurs goûts. Il ne resta à Say que l'auditoire dont il était jaloux, des hommes désireux de s'instruire et capables d'une attention soutenue pour des matières qui s'enchaînent rigoureusement. Ce fut devant ces élèves, moins nombreux, mais bien disposés à recevoir la parole du maître, qu'il continua ses leçons et qu'il livra le dernier mot de sa théorie des débouchés, la plus heureuse de ses inspirations. Jusque-là, on s'était accordé à regarder l'or et l'argent comme des valeurs à part, ne pouvant se confondre avec aucune autre valeur, et servant de mesure absolue à la richesse d'un peuple. Le professeur, dans une savante analyse, combattit ce préjugé. Il montra le numéraire à l'œuvre, et, le prenant à son origine ou le suivant dans son emploi, il établit d'une manière concluante qu'il ne peut être autre chose que la représentation d'un produit. Le numéraire n'est dès lors ni inférieur ni supérieur aux autres produits, puisqu'il en dérive et y aboutit. Au fond, il n'a d'utilité réelle qu'à la condition de remplir cet office. De là cette conclusion que, cet intermédiaire écarté, les produits s'échangent en définitive contre des produits. Sans doute le numéraire est une valeur fixe, tandis que les produits n'ont qu'une valeur variable ; mais c'est là une preuve de plus que le numéraire ne peut servir que d'étalon. S'il procure une chose en plus ou moins grande abondance suivant l'état du marché, sa destination est toujours de la procurer. Autrement il serait avili et passerait dans le creuset pour des usages somptuaires. Telle était, dans des termes concis, la démonstration de Say, et il en tirait une conséquence, très hardie pour le temps, aujourd'hui pleinement démontrée : c'est que dans cet échange de produits le bénéfice est réciproque, et qu'à s'y livrer une nation ne perd pas nécessairement ce qu'une autre y gagne. À s'isoler au contraire, le dommage est certain ; toute loi qui défend d'acheter empêche aussi de vendre, et les ruptures entre états sont d'autant plus promptes que les intérêts privés y sont moins liés. Ces vérités nous sont devenues familières ; elles étaient neuves alors et ne s'appuyaient que sur des conjectures : il leur a fallu quarante ans de stage pour pénétrer dans les faits et s'élever jusqu'à l'évidence.

Ce *Cours* de Jean-Baptiste Say, quand on le relit, offre pourtant des contrastes qu'il est bon de signaler. Tant que le professeur se tient dans la doctrine, il est à peu près irréprochable. Plein de clarté dans ce qu'il énonce, il met un art infini à laisser deviner ce qu'il sous-entend ; il se meut avec aisance dans le cercle qu'on lui a tracé. Sa méthode est un modèle qui n'a été ni dépassé ni atteint ; son classement a été fait d'une main si sûre que ses contemporains ont dû l'adopter sous peine d'écart et que l'assentiment d'une autre génération en confirme chaque jour les détails. D'une science qui était confuse dans Adam Smith, il a composé la science la plus précise, la plus nette, la mieux ordonnée. Qu'on la conteste ou qu'où l'accepte, du moins on la comprend. Cette partie du *Cours* est d'un maître ; elle a des conditions de durée ; on la copiera longtemps dans l'impuissance de la refaire. Il en est de même de la réfutation des fausses idées et des faux systèmes qu'en matière d'économie politique le passé nous avait légués ; personne mieux que Say n'en a fait justice, par le ridicule quand ils n'avaient rien de sérieux, par la vigueur du raisonnement quand ils offraient plus de consistance. Ces deux parties du *Cours* en sont, à vrai dire, la substance ; le souffle qui les animait a persisté, elles sont encore vivantes. Ce qui a vieilli, ce sont les accessoires, les détails à l'appui, les tributs payés à la circonstance. Quand il touche aux faits, le professeur est moins heureux que quand il reste dans la région des idées : non que ces faits soient inexacts, ni qu'ils fussent inopportuns quand il les citait ; mais ils étaient de nature à perdre de leur valeur au contact de faits nouveaux. Cette altération est surtout sensible dans les plans de conduite que le *Cours* trace aux entrepreneurs d'industrie. À part certaines généralités, de quel poids peuvent-ils être au milieu des changements profonds qu'ont subis tous les modes de l'activité humaine ? Les exemples attachés aux démonstrations sont dans le même cas. Ils abondent dans le *Cours*, et il est aisé de voir que cette abondance provient d'un calcul : le professeur voulait reposer l'attention de son public et varier le ton de ses leçons. Ces exemples ne sont pas tous concluants, même ramenés à leur date. Aujourd'hui plusieurs d'entre eux ressemblent à une monnaie dont l'effigie se serait effacée, et qui, sortie de la circulation, n'aurait de sens et de prix que pour les numismates. Il y a donc deux parts à faire dans les matières du *Cours*, d'un côté la substance, de l'autre l'enveloppe de cette substance, ce qui est didactique et ce qui est descriptif. Aucune science d'observation n'échappe d'ailleurs à cet assujettissement. Toutes ont des lois constantes et des phénomènes variables. Depuis Say, les phénomènes économiques ont pu se multiplier et changer d'aspects, mais il lui reste l'honneur d'avoir fixé dans notre langue des lois de plus en plus vérifiées, et qu'aucune expérience n'a encore démenties.

Ceux qui ont pu l'entendre au Conservatoire se souviennent encore de l'accueil respectueux qu'on lui faisait. Le silence régnait sur les bancs dès qu'il montait dans sa chaire et y déposait ses feuillets. Il n'improvisait pas, ses leçons étaient écrites. Ses amis lui cherchaient parfois querelle là-dessus. Ses entretiens familiers étaient si vifs, si animés, il y montrait tant d'esprit et de verve, qu'on ne comprenait pas sa répugnance à mettre au service de ses auditeurs un don de parole si naturel chez lui. Il s'en défendit constamment. « Ma seconde pensée, disait-il en riant, vaut toujours mieux que la première, et c'est la meilleure des deux que j'entends livrer au public. » Et quand on insistait et que, pour vaincre ses scrupules, on rappelait le goût qu'on avait à l'entendre : « Soit, ajoutait-il, je par le bien, mais je parle comme j'effacerais en écrivant. » Au fond, il y avait dans ces résistances un motif plus sérieux. Une science à fonder n'est pas comme une science faite, où une impropriété dans la forme, une erreur dans le fond, se redressent pour ainsi dire d'elles-mêmes. Ici tout était nouveau, la langue comme la doctrine, et pour n'être pas vulnérable il fallait se montrer aussi rigoureux sur l'une que sur l'autre. Peut-être aussi redoutait-il les pièges et s'en défendait-il en fixant sa pensée ; moins suspect et avec plus de liberté d'esprit, il se fût sans doute abandonné aux hasards de la parole. Doit-on regretter qu'il ne l'ait pas fait ? Il y eût gagné sans doute d'imprimer à ses leçons plus de chaleur et de mouvement, mais il ne les eût pas jetées dans ce moule savant où elles semblent venues d'une pièce, sans fêlures et sans scories. Tout homme d'ailleurs sait quel est le meilleur instrument de sa force ; il s'y tient et n'en change pas sans se faire une certaine violence. L'improvisation exige une faculté particulière où la nature et l'art mettent également du leur ; rien ne prouve que Say y eût mieux réussi que dans ses lectures. Les succès de conversation ne sont pas toujours un indice. Dans une chaire, on n'a point d'interlocuteurs ; il y faut plus d'apprêt, plus d'haleine, se posséder mieux, ordonner son sujet avec plus de soin ; il faut surtout que, dans les parties bien préparées, les troubles de la mémoire ne viennent pas déranger les effets qu'on s'était promis. À ces chances de l'inspiration Say préférait un texte définitif qui, recueilli en volumes, formait un corps de doctrines. S'il se privait ainsi de rencontres éloquentes, il prenait sa revanche dans une autre éloquence dont le prix n'est pas moindre, celle de la raison, qui soutient et vivifie presque toutes ses pages. Son auditoire ne lui demandait rien de plus et le lui prouva par l'hommage auquel il était le plus sensible, une attention persévérante.

Son successeur réussit par des moyens tout autres. C'était Blanqui aîné, esprit aussi passionné qu'intelligent. Ce changement de titulaire eut lieu après les événements de 1830. Par un retour d'opinion et dans le premier feu de la victoire, l'économie politique obtint une courte réparation. On lui restitua son nom et on la rattacha à l'enseignement supérieur ; une chaire fut créée pour elle au Collège de France ; Say était désigné pour l'occuper. On lui livrait un domaine nouveau, un champ plus vaste ; il montait en grade avec plus de liberté d'allures, et la faculté d'entrer de plain-pied dans la science générale sans déguisements ni détours. Par malheur, cet avancement arrivait trop tard. La santé du professeur s'était affaiblie ; il mourut à deux ans de là, laissant un vide qu'il était difficile de combler. Dans l'intervalle, la vacance au Conservatoire avait cessé ; sur la proposition de Say, Blanqui, l'un de ses meilleurs disciples, avait été agréé. Blanqui était jeune, ardent ; il avait fait ses premières armes dans la presse de l'opposition et en avait gardé les goûts belliqueux. Dès l'ouverture du cours, le public put voir que désormais les émotions ne lui seraient plus épargnées. Blanqui s'asseyait dans sa chaire sans cahiers, sans documents. Point d'autre préparation qu'une feuille volante où quelques notes étaient tracées au crayon. À peine y jetait-il les yeux, tant il était sûr de sa parole. Il avait en outre l'accent, le débit, le geste, tout ce qui fait l'orateur. Se trouvait-il à court sur un point de doctrine, ou craignait-il de lasser son public en y insistant, il se sauvait par une digression heureuse. Le sentiment le servait mieux que la discussion ; il racontait plus qu'il ne prouvait, mais il racontait à merveille. Son esprit souple et ingénieux circulait autour des difficultés, jouait avec le sujet et jetait un vernis sur ce qu'il y avait de superficiel dans sa manière de le traiter. Où il excellait surtout, c'était dans les tableaux qu'il traçait de la vie de l'atelier ; il ne craignait pas d'en charger les couleurs, et quoiqu'il y revînt souvent, sa palette n'était jamais épuisée. Aussi vit-il arriver à lui, le plus naturellement du monde, cette popularité dont Say avait pris à tâche de se défendre. L'auditoire avait changé ; ce n'étaient plus des entrepreneurs jaloux de s'instruire, mais des légions d'ouvriers qui, les yeux dardés sur le professeur, le couvraient d'applaudissements quand un écho de leurs impressions sortait de ses lèvres. Il n'était pas moins écouté quand, à propos de douanes et de tarifs, il dressait l'inventaire des dommages qu'ils causent à un état où ils revêtent des formes abusives, ou bien lorsqu'amené à parler des machines devant des gens de métier, il en démontrait les avantages durables, achetés au prix de troubles passagers. Ces tableaux, ces questions, ces problèmes, avaient de l'attrait pour cette foule, un attrait d'autant plus vif qu'ils lui étaient familiers. Qu'on fût ou qu'on ne fût pas de l'avis du professeur, on aimait à le suivre. Aussi l'amphithéâtre était plein jusqu'aux combles, et cette vogue s'est maintenue pendant vingt-deux ans. Beaucoup d'ouvriers et de contre-maîtres se souviennent des cours de Blanqui comme d'un délassement de leur jeunesse. Il est de tous nos professeurs celui qui est entré le plus avant dans l'esprit du peuple : c'est un titre qui n'est point à dédaigner.

Juger ce que vaut cet enseignement serait difficile : les leçons n'ont point été imprimées ; il n'en reste de trace que dans quelques notes recueillies ou des réminiscences personnelles. Que découvre-t-on dans ces leçons ainsi jugées ? Une revue à vol d'oiseau de tous les systèmes et point de système réel, un acquiescement à la doctrine établie, mais donné en courant, comme formalité pure et sans s'y appesantir. Nous sommes loin du dogmatisme sévère de Say. On peut même voir, avec Blanqui aîné, un commencement de fantaisie s'introduire dans renseignement économique. Il ne fit pas schisme, le mot serait dur pour un homme qui effleurait beaucoup de choses et en tirait rarement une conclusion nette ; mais dans un temps où les chimères couraient les rues, il eut aussi la sienne, et voici en quoi elle consistait. Une science découvre des lois, affirme des principes ; sont-ils vrais ou faux ? C'est une responsabilité qu'elle ne peut décliner et la seule qui strictement lui appartienne. Étendre jusqu'à l'acte la responsabilité de la spéculation n'est pas seulement courir un risque gratuit, c'est consentir à une donnée peu précise. Les deux responsabilités doivent rester distinctes pour que des réalités ne se confondent pas avec des apparences et que des principes vrais ne soient pas jugés sur des faits qui semblent leur donner tort. La chimère de Blanqui fut précisément d'attaquer des principes vrais et constants au nom de faits variables. La solidité d'allures si remarquable chez Say n'allait pas au tempérament de Blanqui ; plus vif et plus hardi, il aimait les aventures. Sismondi l'avait devancé dans la mêlée, obéissant aux troubles de sa conscience ; Blanqui s'appuya de cet exemple. Les circonstances agissaient sur eux et entretenaient des émotions que nous avons tous partagées. On était au fort de la crise que la révolution des machines infligeait aux manufactures ! Nous en recueillons les bénéfices, alors on assistait aux douleurs qui en résultaient les ouvriers étaient en butte à de profondes misères, et luttaient avec l'énergie du désespoir contre les forces de la nature, qui les désarmaient et les déclassaient. À peine osait-on entrevoir le moment où le travail manuel, allégé de ce qu'il avait de plus pénible, offrirait à ces populations en détresse de meilleurs salaires dans des cadres reconstitués. Rien qui ne fût sombre et ne tournât au découragement ; l'économie politique était devenue suspecte. On l'impliquait dans des désastres dont elle n'avait fait qu'indiquer d'avance le terme, et il était facile de dégager sur ce terrain la responsabilité de la science ; mais ce moyen de défense était trop lent aux yeux de Blanqui : il eut recours à un biais malheureux. De toutes les nations, l'Angleterre était la plus cruellement frappée, et la cause en était évidente ; elle souffrait en raison du nombre de bras détournés de leur emploi. Le professeur trouva le commentaire trop simple, et de raffinement en raffinement en vint à tirer sur ses propres troupes. Ce fut à l'économie politique anglaise qu'il s'en prit en la montrant dépourvue d'entrailles, et il lui opposa une économie politique française plus humaine, mieux inspirée, qui n'existait que dans son imagination. Il y avait dans cette accusation une injustice et une erreur. Loin d'abandonner ses indigents, l'Angleterre les secourait jusqu'à l'imprévoyance, et leur ouvrait de tels cadres, leur donnait une telle action contre la paroisse, que plus tard, sous peine de ruine, il fallut réformer une législation qui remontait à la reine Elisabeth. À cette violence contre les faits, Blanqui en ajoutait une plus grave contre les principes. La force essentielle de l'économie politique est dans son universalité : elle ne s'adresse ni à un peuple ni à un état, mais à tous les états et à tous les peuples, sans se préoccuper des différences qui tiennent aux mœurs, aux coutumes, aux intérêts et au génie. Elle n'a d'action véritable que si elle obtient le consentement du monde civilisé et par le avec lui une langue commune. La distinction de Blanqui, si elle eût été admise, eût amené la ruine et la confusion de la science. Comment se reconnaître au milieu de ces économies politiques partielles, se transformant, comme un objet de mode, à chaque frontière ? Quelle meilleure arme donner aux défenseurs d'un système d'isolement ? N'était-ce pas d'ailleurs une inconséquence de demander l'échange des produits en prêchant le séquestre des doctrines ? Il n'y a pas à insister là-dessus ; l'écart est trop flagrant et n'a pas été partagé. Sur ce point, Blanqui a été seul de son école. Il a eu souvent de ces emportements irréfléchis, et son autorité en a souffert. C'était pourtant un vaillant champion qui, en se contenant mieux, fût devenu un maître. Il charmait sans convaincre et ne laissait dans les esprits qu'une trace superficielle. Sa vie était si occupée que sa chaire n'en était qu'un incident. Il n'y apporta pas toujours une préparation suffisante ; il se contentait des ressources d'un esprit orné, d'une expérience acquise dans de fréquents voyages. Peut-être croyait-il ainsi rester mieux à la portée de son public. Dans son *Histoire de l'Économie politique*, qui lui ouvrit les portes de l'Institut, il a un autre accent et plus de profondeur avec la même verve, Quant à ses cours, ils sont restés, comme on l'a vu, en canevas.

Cependant l'enseignement dogmatique, un peu négligé au Conservatoire, avait retrouvé à point nommé, dans une autre chaire, sa vigueur et son éclat. Depuis la mort de Say, survenue en 1832, une vacance était ouverte au Collège de France. La succession avait du prix et fut longtemps disputée. Les chances se partageaient entre un héritier naturel et un héritier bénéficiaire. L'un était Charles Comte, gendre de Say, connu par de bons travaux de législation et alors secrétaire perpétuel de l'Académie des sciences morales et politiques ; l'autre était Rossi, que son *Traité du droit pénal* avait rangé parmi nos meilleurs criminalistes. Aucun d'eux n'avait des titres directs ; mais on savait bien ce qu'on pouvait attendre d'esprits aussi cultivés. Pour Comte, l'économie, politique était une tradition de famille ; pour Rossi, c'était une étude commencée en Italie, où il était né, achevée en Suisse dans le recueillement de l'exil. La compétition dura près d'un an ; Comte avait pour lui les avantages de la position et de la nationalité, Rossi des amitiés puissantes qu'il devait à un mérite prouvé et à un plus grand mérite entrevu. Jusqu'au bout, le choix resta en balance. Les nominations au Collège de France sont faites par le ministre de l'instruction publique, sur la présentation d'un ou de deux candidats élus, l'un par les professeurs du collège, l'autre par l'Académie des sciences morales et politiques. Les votes des professeurs au Collège de France se portèrent sur Rossi, l'Académie choisit pour candidat Charles Comte, son secrétaire perpétuel. En face de deux présentations qui le laissaient seul arbitre, le ministre ne prit plus conseil que de ses préférences, et le 15 août 1833 nomma Rossi à la chaire du Collège de France. On peut dire aujourd'hui qu'il eut la main heureuse. L'élection fut pourtant mal prise au moment où elle eut lieu ; il s'y était mêlé un peu de passion politique : Rossi passait dans la jeunesse des écoles pour une créature du gouvernement, et c'en était assez pour le condamner sans l'entendre. Des meneurs se mirent de la partie, et l'effervescence eut bientôt gagné tout le pays latin. On allait répétant de café en café que c'était le cas de monter une cabale contre cet intrus, dont la nomination était le produit d'une intrigue. De leur côté, les journaux ne s'épargnaient pas et attisaient de leur mieux le feu qui couvait. Ce travail de dénigrement eut tout l'effet qu'on en pouvait attendre. Quand pour la première fois Rossi parut dans sa chaire, un tumulte affreux éclata sur les bancs. Des précautions avaient été prises, elles furent vaines. Tout ce qu'il y avait de plus turbulent dans les écoles s'était donné rendez-vous dans l'enceinte, avec la résolution de conduire vivement cette campagne contre l'*étranger*. Pas un ne manqua à sa consigne. Rossi prononçait-il une phrase, on la répétait en contrefaisant son accent italien ; essayait-il de poursuivre, les apostrophes pleuvaient de tous côtés. Tant qu'il le put, il tint tête à l'orage ; mais, le désordre empirant, il fallut avoir recours à la force armée. Quelques arrestations eurent lieu, la salle fut évacuée. Le cours dut être suspendu pendant quelque temps. À peu de mois de là, le professeur prit la seule revanche qui fût digne de lui : il remonta dans sa chaire avec la volonté d'en faire la police lui-même. L'heure matinale, choisie pour l'ouverture du cours n'appelait autour de lui qu'un auditoire véritablement studieux. Son maintien et son geste commandèrent le silence, et il put commencer cette belle suite de leçons qui resteront comme l'un des ouvrages classiques de la science économique. Dès les premières phrases, l'auditoire était dompté ; l'homme avait donné la mesure de sa force, la malveillance était désarmée, Triste exemple des conséquences que peuvent avoir ces turbulences juvéniles ! Moins ferme, moins sûr de lui-même, Rossi eût peut-être renoncé à l'enseignement et ne l'eût pas honoré par ses services.

N'eût-on vu Rossi qu'une fois sur son siège de professeur, on s'expliquera l'ascendant qu'il exerçait sur son auditoire. Il avait une dignité naturelle, relevée par un art d'autant plus consommé qu'il était moins apparente Son profil sévère, son geste sobre et juste, sa voix bien timbrée, contribuaient à cette autorité extérieure qui désarma les premières préventions et dès lors ne fléchit plus. Il parlait lentement ; comme s'il se fût recueilli pour trouver les termes qui rendaient le mieux sa pensée ou pour laisser au public le temps de suivre la trame de son raisonnement. On eût dit qu'à de certains moments, dans des pauses calculées, il essayait d'initier les intelligences au secret de sa composition et de les solliciter avant de les satisfaire. C'était comme un exercice et un concours, et quand le professeur livrait son dernier mot, il se trouvait qu'en définitive personne n'avait rencontré aussi bien que lui. Ce fut ainsi que, pendant six ans, Rossi forma, éclaira le monde d'élite qui entourait sa chaire ; il fit mieux qu'entretenir, il répandit le goût de l'économie politique. Il n'était pas jusqu'à cet accent italien dont s'était moquée la jeunesse des écoles qui ne donnât à sa parole une saveur de plus. Mais aussi, sous cet accent, quelle langue purement française ! quelle justesse dans le ton, quelle propriété dans l'expression ! surtout quel enchaînement dans les idées ! Ce sont là, pour Rossi, des lettres de naturalisation plus durables que celles dont plus tard il se pourvut à la chancellerie. Dans ce qu'il a dit ou écrit, les parties sont si bien liées qu'elles ne semblent former qu'un bloc ; tout vient en son lieu, dans son ordre, avec une méthode, une clarté qui rendent sensibles les raisonnements les plus abstraits. Nul doute qu'il n'y eût au fond de cela une préparation sérieuse. Dans sa chaire du Collège de France, elle ne se montrait que sous la forme de notes déposées sur le bureau. Ces notes se réduisaient à des copies de textes cités, à des documents statistiques dont les chiffres entraient dans la matière des leçons. De temps à autre, le professeur en détachait un feuillet à l'appui de son improvisation. Point d'incohérence ni de trouble dans l'emploi de ces pièces auxiliaires ; elles faisaient corps avec le sujet et n'en dérangeaient pas l'unité. Seulement il arriva plus d'une fois que, cédant à la chaleur du débit, il ne fit pas de son faisceau de preuves tout l'usage qu'il s'en était promis. L'inspiration dominait et portait plus haut l'expression de la pensée ; c'étaient les bons jours, les veines heureuses, et le public s'y associait par ses applaudissements.

Le *Cours* de Rossi a été imprimé ; il est dans toutes les mains et a pris place, comme celui de Say, parmi les rares monuments de l'économie politique. Il porte l'empreinte d'un esprit à la fois puissant et respectueux. L'originalité de Rossi consiste dans la façon dont il expose et compare les théories qu'il défend. Il le fait librement, avec une grande indépendance d'esprit, les appuie dans ce qu'elles ont de fondé, les complète dans ce qu'elles ont d'insuffisant, les discute dans ce qu'elles ont pour lui de défectueux. Les notions restées à l'état de problèmes l'attirent et le frappent plus vivement que le reste. Il les commente dans de savantes analyses. À les lire, on ne sait ce qu'on doit le plus admirer de la modération qu'il y montra ou de la sagacité qu'il y déploie. Point de subtilités ni d'opinions évasives. Il va au cœur des difficultés et les met en pleine lumière ; quelquefois il y apporte des solutions ; quand il a des doutes, il les exprime. Il ne veut pas triompher sur des ruines, mais il lui répugne également de donner pour des vérités démontrées ce qui a besoin d'être soumis à des vérifications nouvelles. C'est ainsi qu'il reprend, les autorités en main, les thèmes que chacune d'elles a mis en crédit : avec Adam Smith la division du travail, avec Say la théorie des débouchés, avec Ricardo la rente du sol, avec Tooke le jeu des prix, avec Sismondi le régime de l'industrie, avec Malthus la loi d'équilibre entre la population et les subsistances. Dans ce cadre, l'économie politique se résume dans ses principaux traits et sous les auspices de ses plus grands noms ; en quelques chapitres, on en aura la substance, le corps et l'esprit. Rossi n'expose pas seulement les systèmes, il les anime et les orne. Chaque auteur a ses défaillances, Smith des longueurs, Ricardo un penchant pour l'abstrait, Sismondi des abus de sentiment, Malthus l'ivresse de ses alarmes ; il y a chez eux des prolixités, des manques de proportion, parfois une absence de style. Ces imperfections disparaissent dans les commentaires que Rossi en donne. Il élague, corrige, éclaircit, tempère et ne traduit les idées d'autrui dans sa langue saine et concise qu'après les avoir fait passer au crible de son goût, Toutes y gagnent, même celles qu'il combat, et dans ces combats, quand il les livre, les armes courtoises sont les seules à son usage. On a quelquefois cherché où est l'originalité de Rossi ; elle est là, dans cette vie qu'il communique à ce qu'il touche, dans cette valeur qu'il ajoute à ce qu'il expose, commente et rend accessible aux intelligences. Traiter les sujets ainsi, c'est les marquer d'une nouvelle empreinte et en réalité se les approprier.

S'il a péché en quelque point, c'est, à mon sens, dans trop de condescendance pour quelques-uns de ces systèmes qu'il expliquait en les décorant. Tel est le cas pour Ricardo et Malthus. La prétention de Ricardo était de prouver que la valeur des choses ne se compose que du prix qu'elles ont coûté, et que le fermage n'entre pour rien dans le prix des produits obtenus du sol. Dans des termes aussi simples, la proposition ne soutenait pas l'examen ; mais l'auteur l'avait enveloppée de tels nuages qu'il avait fait école. Ce que signifiait cette métaphysique, subtile, les discussions sur les lois des céréales nous l'ont appris plus tard ; elle était une défense déguisée de la constitution de la propriété territoriale en Angleterre, avec tous les privilèges qui alors y étaient inhérents. Malgré Ricardo, une partie de ces privilèges a succombé dans la grande agitation de la liberté du commerce, et il n'est plus guère question de la rente du sol, comme on l'appelle, depuis qu'elle est rentrée dans le droit commun. Quant à Malthus, qui voyait la famine au bout de la pullulation de l'espèce, l'expérience ne semble guère justifier ses sombres pronostics. Soixante-cinq, ans se sont écoulés depuis le jour où son livre donna un premier coup de tocsin. Qu'on observe les faits de sang-froid ; concluent-ils en sa faveur ? Sur quel point du globe cette loi de progression qui lui appartient a-t-elle eu ses effets et amené les scènes lamentables qu'il avait prédites ? Il y a eu, il est vrai, des accroissements de population, mais qu'ils sont loin de ce qu'il annonçait ! A ces accroissements de population l'activité humaine a répondu par un accroissement de ressources évidemment supérieur, et en fait il y a aujourd'hui moins d'affamés qu'au temps où il écrivait. Il existait un pays qui était comme le point de mire des défenseurs de son système ; le chiffre de la population y doublait dans une période de vingt-cinq ans : c'était l'Amérique du Nord. Voici pourtant que, par un jeu du sort, ce dernier argument s'effondre ; cette population exubérante est mise en coupes réglées. Dans ces surprises que nous infligent les instincts violents se trouve la loi d'équilibre que Malthus attendait d'instincts mieux réglés. Parmi les défenseurs des théories sur la population, aucun n'a été plus loin que Rossi. J.-B. Say s'était contenté d'un acquiescement silencieux ; son successeur en a fait l'objet de trois leçons, des plus brillantes qui soient dans son cours. Si cette cause eût pu être sauvée, elle l'eût été de sa main. Il en dissimule les faiblesses avec un art accompli et en fait valoir les ressources avec une vigueur qui va jusqu'à l'éloquence. La pièce restera au procès comme ce qu'il y avait de plus pertinent à dire. Jusque-là pourtant il s'est tenu sur un terrain battu ; la forme seule lui appartient ; n'a-t-il rien en propre quant au fond ? Il a en propre une suite de leçons sur le régime colonial qui sont des modèles de discussion, et dans le reste du cours des échappées vers la science du droit dans ses rapports avec la science économique. Dans la doctrine, il a également posé des problèmes qui sont à lui et qui prêtent à la controverse. L'un concerne les prix de revient, l'autre la valeur en usage. On sait quelle place tient en économie politique la loi de l'offre et de la demande qu'on peut appeler la loi du marché. L'offre représente la quantité des produits qui cherchent un acheteur, la demande est la quantité des produits que l'on désire acquérir. La demande est-elle forte et l'offre faible, les prix se maintiennent ou s'élèvent. Au contraire, l'offre est-elle abondante et la demande rare, à l'instant les prix déclinent. Dans les deux cas, c'est la concurrence qui devient déterminante ; elle se déclare entre les vendeurs quand la somme des marchandises excède celle des besoins ; elle naît entre les acheteurs quand la somme des besoins excède celle de la marchandise. Il va sans dire que la quantité n'est pas le seul phénomène décisif dans le phénomène de la demande, et que la qualité tient une place considérable comme règle et mesure des prix. Voilà une loi simple et complète. Rossi ne l'admettait pas sans réserve, et proposait une autre combinaison. Il croyait qu'il était possible de fixer la théorie des prix, tandis que les autres économistes n'en signalaient que le plus constant phénomène. À son sens, les prix devaient avoir pour fondement la valeur réelle des choses, calculée sur les frais de toute nature nécessaires pour les produire. C'est ce qu'on nomme, dans la langue commerciale, le prix de revient. Cette donnée, méthodique en elle-même, a le tort d'être incompatible avec les faits. Le prix de revient ne règle jamais l'état du marché ; c'est au contraire l'état du marché qui règle le prix de vente. À côté du coût des choses, il y a des circonstances variables qui influent sur le parti qu'on en tire, par exemple la perfection plus ou moins grande de l'objet, les besoins de réaliser, les quantités disponibles. Rossi, en proposant une règle fixe pour les prix au lieu de les abandonner à leur mouvement aléatoire, méconnaissait le principe fondamental de l'échange, qui est la liberté des transactions. D'ailleurs où et comment se fixerait ce prix de revient ? Où en placer le contrôle ? A quel titre l'imposer ? Plus on pénètre dans sa combinaison, plus les impossibilités se multiplient.

La valeur en usage n'était pas une exception plus heureuse. L'école de Smith n'admettait qu'une sorte de valeur, la valeur en échange. Rossi crut reconnaître une lacune dans cette définition. La valeur d'échange, soit, disait-il : elle est constante, elle est visible ; mais n'y a-t-il pas d'autres valeurs ni moins visibles, ni moins constantes, par exemple la valeur des choses dont on use sans les échanger ? Un fermier consomme ses grains au lieu de les vendre, peut-on dire que ce ne soit pas là une valeur ? Les routes, les canaux, les ponts, les monuments, sont-ils destitués de valeur, quoiqu'on ne les échange pas ? Il y a donc lieu de désigner ce genre de valeur par un nouveau terme qui est la valeur en usage. Ainsi parlait Rossi. L'objection n'a que des apparences de solidité. C'est confondre la propriété des choses avec leur destination. Tout produit est échangeable, a eu cette qualité ou l'a encore ; seulement, au lieu de l'échanger, parfois on en use directement. L'usage n'infirme pas la valeur d'échange des objets. Ce fermier qui consomme ses grains pourrait les porter sur le marché. Ces monuments, ces canaux, ces ponts, réservés à des services publics, peuvent être appropriés, aliénés ; toute valeur d'échange n'est pas éteinte en eux, quoiqu'elle y sommeille. La communauté peut, à sa convenance, en user ou les vendre. On en a vu des exemples dans les biens nationaux, les forêts de l'état. Ces objets représentent à peu près ce qu'ils coûtent, soit par les superficies, soit par les matériaux ; ils peuvent rentrer dans la circulation après en avoir été distraits pour une jouissance commune ; ils gardent cette faculté, même quand cette jouissance persiste. Latente ou apparente, la valeur d'échange reste donc le fait dominant et le seul qui puisse être bien déterminé ; la valeur d'usage resterait à peu près insaisissable. Elle ne porterait que sur des exceptions où la valeur d'échange va jusqu'à s'effacer, et ces exceptions ne méritent pas qu'on charge la science d'une définition de plus.

Dans ces deux cas, on peut voir ce qu'a de pénétrant l'esprit de Rossi, Autant il éclaire sur les points de doctrine qui ne sont pas contestés, autant il donne à réfléchir sur les points douteux. Ses méprises même tiennent à des qualités supérieures. Dans ce qu'il dit sur les prix de revient, c'est la raison du jurisconsulte qui cherche à réagir contre les vicissitudes du marché et à ramener à leur ordre naturel des opérations où le hasard lui paraît exercer trop d'influence. Dans ce qu'il propose sur la valeur en usage, c'est l'observateur scrupuleux qui rencontre un détail en dehors du classement habituel et trouve opportun de l'y introduire. Ce sont là de bons exercices, des controverses de nature à fortifier le jugement. Le cours de Rossi en est plein ; l'intelligence y est sollicitée à un perpétuel travail. Il est à regretter qu'il ait volontairement abandonné la tâche au moment où il la remplissait avec le plus d'éclat. Tout incomplet qu'il est, ce cours marque une date dans l'histoire de l'économie politique. Aujourd'hui encore c'est par son passage dans sa chaire que la mémoire de Rossi est le plus solidement protégée. Ses leçons circulent dans un auditoire agrandi et qui constamment se succède. Ce qu'on y admire surtout, c'est la puissance avec laquelle il s'était emparé de notre langue. L'idiome natal est pour l'homme un instrument familier, acquis sans peine, assoupli par l'usager dans lequel sa pensée se fait jour sans embarras et d'une façon directe. Un idiome étranger complique ce travail d'une opération de plus ; l'idée n'arrive que d'une manière indirecte et franchit deux degrés au lieu d'un : il y a traduction mentale, rapide si l'on veut, mais forcée. Chez Rossi, cet effort est imperceptible. Ni le tour, ni la phrase ne se ressentent de la difficulté d'origine ; il est impossible d'être plus français et de l'être dans un meilleur style.

C'est en 1840 que Rossi descendit de sa chaire ; avec lui finit ce que j'ai appelé la première génération des professeurs. Elle se rattache, par le temps où elle a vécu, aux grandes écoles qui se répandaient en Europe et soutient avec avantage la comparaison ; elle a fourni des maîtres, dont les noms ne périront pas et dont l'autorité ira s'affermissant. Ces maîtres ont inauguré la méthode, donné un corps à l'enseignement, fondé la doctrine. Contestés comme ils l'étaient, ils ne se sont pas un seul jour abandonnés au découragement ; ils luttaient sans l'espoir de vaincre et plaçaient leurs convictions plus haut que les chances heureuses ou malheureuses qu'elles pouvaient courir. Peut-être, dans ces conditions difficiles, leur génie s'est-il mieux trempé et ont-ils puisé plus de forces dans cette surveillance qu'ils ont été contraints d'exercer sur eux-mêmes. Aujourd'hui la postérité a commencé pour eux et leur rend cette justice, qu'il était impossible de montrer dans une œuvre ingrate des qualités plus viriles.

Quelques mots suffiront pour rappeler comment s'est partagée leur succession. Au Collège de France, ce fut M. Michel Chevalier qui remplaça Rossi dans sa chaire. Personne n'était plus naturellement désigné ; il y arriva presque sans concurrence, sur la double présentation des professeurs du Collège de France et de l'Académie des sciences morales et politiques. Son enseignement, d'ailleurs si remarquable, se distingua de celui de ses devanciers en ce qu'il s'appliqua moins à démontrer les vérités spéculatives qu'à développer les conséquences qui en résultent. Les considérations générales furent l'objet des discours d'ouverture. Dans les leçons qui suivirent, M. Michel Chevalier se prend surtout aux détails et aux applications. Rien de ce qui est de circonstance ne lui est indifférent : ni l'emploi de l'armée dans les travaux publics, ni l'association sous ses diverses formes, ni l'insuffisance des institutions de crédit. Il a sur tout ce qui s'agite et ce qui se fait des vues particulières qu'il expose, et sur lesquelles, en ingénieur et en économiste, il entreprend l'éducation du public : les canaux à creuser, les chemins de fer à construire, l'intervention du gouvernement, soit comme surveillance, soit comme concours. Tel est dans sa substance l'enseignement de M. Michel Chevalier.

Avec M. Baudrillart, qui le supplée, la direction est tout autre. M. Baudrillart s'est souvenu qu'Adam Smith avait professé la morale avant de professer l'économie politique. Convaincu que les deux choses sont en effet inséparables, il a signalé les rapports qui les unissent, et démontré, preuves en main, que l'utile et le juste, sans se confondre, visent au même objet, l'avancement matériel et moral des communautés humaines. Ces vérités étaient opportunes, et il était bon qu'elles fussent rappelées avec fermeté. Ce cours du Collège de France était désormais le seul qui eût le caractère officiel ; il avait à porter tout le poids de l'enseignement économique. À la mort de Blanqui, en 1852, la chaire qu'il laissait vacante au Conservatoire des arts et métiers avait été dénaturée par une révolution intérieure. À l'École des ponts et chaussées, M. Joseph Garnier ne s'adressait qu'à un auditoire spécial, accru par un petit nombre d'admissions. Quelques cours libres avaient, il est vrai, marqué leur passage dans nos provinces : à Pau, à Montpellier, à Bordeaux et à Nice, M. Frédéric Passy ; à Reims, M. Victor Modeste ; à Paris, dans l'amphithéâtre de l'École de Médecine, M. Du Puynode. Ni le talent ni le dévouement ne manquaient à ces professeurs volontaires ; ce qui leur manquait, c'était la suite et la durée qui seules assurent l'effet des leçons.

C'est dans cette situation que les décrets de 1864 ont paru ; ils étaient le premier acte de justice que l'économie politique eût obtenu depuis bien des années. En revanche, les persécutions ne l'avaient pas épargnée, et il suffit de citer dans le nombre la destitution brutale de M. Michel Chevalier, rapportée, il est vrai, à quelques mois de là. M. Joseph Garnier avait été également menacé dans la chaire modeste qu'il occupe. Le langage des deux ministres qui ont contresigné les nouveaux décrets est la garantie de jours meilleurs. Le ministre du commerce, n'intervenant que pour un rétablissement d'attributions, se borne à dire que l'importance qu'ont prise dans ces derniers temps les études économiques ne permet plus de les laisser en dehors de l'enseignement du Conservatoire. Le ministre de l'instruction publique, ayant une chaire à créer, entre plus avant dans le développement de ses motifs. Il commence par déclarer que l'économie politique est une science complète, affermie par un siècle de discussions, qu'elle va au-delà de l'étude de la richesse publique, et qu'intéressant la liberté et la dignité de l'homme, elle se rapproche des plus pures spéculations de l'esprit. À ses yeux, il est temps de lui donner dans l'enseignement le rang qu'elle occupe dans le sentiment public. Sa place serait à la Sorbonne, au sein de la faculté des lettres, entre la chaire de philosophie et celle d'histoire ; mais ce n'est là qu'une question de forme. Mieux vaut consulter les besoins que les affinités, et créer une chaire là où elle rendra le plus de services. À ce point de vue, la faculté de droit est naturellement désignée : deux mille cinq cents élèves passent chaque année sur ses bancs, et le tiers de ces élèves va répandre dans nos provinces le bénéfice des notions acquises. Il y a d'ailleurs des précédents : une ordonnance de 1819 avait institué cet enseignement dans la même faculté, et en 1847 M. de Salvandy était à la veille de l'y rétablir. C'est ce que le ministre propose, et il regrette que les limites de son budget ne lui permettent pas d'étendre la mesure aux autres facultés de droit. La chaire de Paris sera une pierre d'attente ; elle préparera des professeurs qui iront ensuite porter la science aux départements. Enseignée dans de grandes chaires, l'économie politique accroîtra la somme des vérités utiles, mettra les intérêts d'accord avec la morale, et effacera du code de l'ancienne politique la vieille et haineuse maxime, que le bien de nos voisins est notre mal.

Voilà qui est bien parler et en même temps bien agir ; on ne saurait mettre plus de bonne grâce dans une réparation, ni rompre plus résolument avec des préventions qui sont encore très répandues. Jusqu'ici, les satisfactions données à l'économie politique avaient été purement platoniques ; celle-ci est sérieuse et vaut un engagement. Longtemps proscrite, elle rentre en faveur ; il est à craindre que cette faveur ne l'enivre, et c'est le moment de lui donner des conseils. Peut-être plus tard ne les écouterait-elle plus. Un souhait à lui adresser, c'est que dans la fortune qui lui arrive elle retrouve l'équivalent des hommes qu'elle a formés en des jours moins heureux. En rappelant leurs titres, j'ai voulu remettre sous les yeux de grands exemples. On a vu comment une science se fonde ; il reste à voir comment elle se consolide et acquiert des forces par la durée.

## Section II

La première tâche d'une science est d'arriver, par l'étude des faits ou une conception de l'esprit, à découvrir des lois constantes qui déterminent son action et lui assignent son rang parmi les sciences reconnues. Cette prise de possession n'a lieu qu'à la condition de se définir et de bien fixer son objet. Une fois définie et fixée, toute science nouvelle a encore à se défendre de franchir ses limites sous peine de n'être pas prise au sérieux et de devenir une science de fantaisie au lieu d'être et de rester une science exacte. C'est ce qu'ont fait pour l'économie politique les maîtres qui l'ont constituée : ils visaient moins à étendre son domaine qu'à le circonscrire rigoureusement ; ils n'essayaient pas de sauter au-delà de leur ombre, comme ces enfants dont parle Plutarque. C'eût été un jeu périlleux, surtout au début, et ils le sentaient. Ils aimaient mieux faire bonne garde autour des vérités acquises que de s'attirer des représailles par des usurpations. Cette conduite prudente ne semble guère à l'usage de ceux qui leur ont succédé. C'est à qui sortira de cet ancien domaine si bien déterminé, pour courir les aventures et entreprendre sur le terrain d'autrui. Le goût des usurpations est venu, Sous prétexte d'économie politique, on va d'un pôle à l'autre des connaissances humaines. Il y a certes dans cette manière d'agir plus qu'une faute, il y a un danger réel. Pour peu qu'elle y persiste, l'économie sera accusée de ne pas savoir ce qu'elle est, ce qu'elle veut et où elle va. Elle passera pour une voisine remuante qui, mal à l'aise chez elle, cherche à se loger ailleurs, et, faute d'aliments, essaie de se nourrir de rapines. Elle s'attirera de mauvaises querelles de la part des sciences qu'elle trouble et a l'air de vouloir dépouiller. La sagesse la plus élémentaire conseillerait de mettre un frein à ces écarts d'imagination, peu compatibles avec une science qui est avant tout positive.

C'est sur la philosophie et la morale que ces empiétements se sont surtout exercés. Tout récemment encore, un débat au moins oiseux s'est élevé dans le sein de l'école. Il s'agissait de savoir si l'économie politique était spiritualiste ou matérialiste. Cette question eût causé aux premiers maîtres quelque étonnement, si elle ne les eût pas mis en gaîté. Spiritualiste ou matérialiste, voilà une alternative impérieuse, et de bien gros mots pour une science qui n'aspire ni à tant d'honneurs ni à tant d'embarras. De tels mots eussent même exigé des commentaires préjudiciels. Ils ont peut-être en philosophie un sens déterminé ; ils n'en ont point en économie politique. Veut-on dire par là qu'il y a lieu d'examiner jusqu'à quel point et dans quelles proportions l'esprit et la matière concourent aux opérations que l'économie politique embrasse et ramène, après les avoir définies, à des principes fondamentaux ? Dans ce cas, il y a d'abord une distinction à établir entre l'agent et l'acte. Est-il question de l'agent ? L'agent, c'est l'homme qui dompte, façonne et discipline la matière. Il faut, pour accomplir ce travail, qu'il réfléchisse, conçoive, combine, imagine, et ce sont là autant de phénomènes intellectuels, autant d'attributs de la pensée. À ce degré, de quelle science relèvent les recherches ? Évidemment de la philosophie. C'est à elle qu'il appartient de saisir, si elle le peut, cette pensée à sa naissance et de la suivre jusqu'au moment où par la force des choses elle lui échappe. L'économie politique n'a pas à s'engager dans de tels mystères. Elle prend l'homme comme il est, avec ses facultés et ses forces, moins occupée de savoir d'où elles proviennent qu'à bien observer à quoi elles s'appliquent. Elle a dans son sein assez de subtilités d'école, assez de problèmes à résoudre, pour qu'elle n'y ajoute pas les problèmes et les difficultés des écoles idéalistes. À ces dernières le soin d'expliquer comment l'esprit met du sien dans les métamorphoses de la matière, et de quelle façon et à quelle dose il les prépare et les anime.

Voilà pour l'agent, voyons ce qu'est l'acte. L'acte, isolé de son inspiration, est de sa nature matériel. Il se résume en un produit qui se débite, se transporte et se consomme. Un fermier vend son grain, un meunier l'achète ; quelque bonne volonté qu'on y mette, il est difficile de trouver du spiritualisme là dedans. Des économistes raffinés y sont pourtant parvenus. Cet acte implique une certaine façon de se conduire. Un marché peut être honnête, il peut ne l'être pas. Il existe de par le monde beaucoup de fortunes suspectes, des opérations véreuses que la loi n'atteint pas et que la conscience réprouve. Est-il permis de croire que l'économie politique n'ait rien à y voir ? Elle fait, dit-on, de la richesse une entité abstraite sans tenir compte de la manière dont la fortune s'acquiert. C'est méconnaître un devoir et mériter les qualifications malsonnantes qu'on lui donne. Même comme doctrine, ajoute-t-on, il y a là un oubli et un vide. La science, dans ses définitions des capitaux, a négligé les plus essentiels. L'honnêteté est un capital, la vertu est un capital. À les analyser avec soin, on verrait ce qu'elles rapportent. Ce champ de découvertes et d'acquisitions offrirait à l'économie politique des satisfactions tout autres que les recherches trop étroites où elle se renferme. On ne l'accuserait plus d'être la servante de la fatalité, se bornant à un enregistrement des faits pour en tirer des principes aveugles. Elle se formerait des croyances comme elle s'est formé des doctrines. — Ainsi parlent les économistes de sentiment, ce qui reviendrait à dire que l'économie politique doit procéder comme la casuistique et joindre au gouvernement des intérêts la police des mœurs. Le rôle auquel on la convie n'est pas sans opportunité ni grandeur, et en réalité elle l'a toujours rempli dans la mesure qui lui convient. On voudrait qu'elle excédât cette mesure, qu'elle fît directement ce qu'elle fait indirectement, que, dans la récolte assez mêlée qu'obtient l'activité humaine, elle distinguât mieux le bon grain de l'ivraie. Ce serait l'entraîner hors de ses limites. Il y a une science constituée pour cela et qui n'a pas démérité, c'est la morale. Qu'il y ait des rapports entre l'économie politique et la morale, personne ne le conteste, et MM. Baudrillart et Dameth l'ont fort bien établi ; mais il n'y a pas identité. La morale a, sur bien des points, des vues distinctes où l'économie politique ne s'ingérerait pas sans confusion ni équivoque. Les deux sciences n'envisagent pas la richesse du même œil, ne la jugent pas d'après les mêmes principes. S'il existe entre elles des affinités, il existe aussi des incompatibilités que vainement on essaierait de méconnaître ou d'affaiblir. Ici encore il convient de se défendre d'ambitions trop vastes et de contenir cette passion d'agrandissements dont le moindre tort est d'être irréfléchie.

Jusqu'où peut se porter cette passion, on va le voir. Ce n'était point assez que la philosophie et la morale fussent mises en cause et menacées dans leurs attributions ; de prétention en prétention, l'économie politique en est arrivée à s'immiscer dans d'autres sciences et dans les arts qui en découlent. Les produits dont elle doit s'occuper sont, on l'a vu, surtout matériels. C'est la généralité des cas ; des exceptions sont néanmoins à noter. Pour les produits qui s'incorporent dans les choses et qui sont visibles et tangibles, aucune ambiguïté n'est possible ; ils sont matériels dans toute la rigueur de l'expression. Il n'en est pas de même des produits qui s'incorporent dans les hommes, par exemple la leçon du professeur, la sentence du juge, la plaidoirie de l'avocat, le conseil du médecin, le chant de l'artiste. C'est ce qu'on a nommé des produits immatériels. Il est constant que ces produits ont une valeur, et quelques-uns une valeur très haute, attestée par le prix qu'on y met ; ils répondent à des besoins dont on ne saurait méconnaître l'importance, des besoins de justice, d'instruction, d'assistance, de distraction. Ils ont aussi quelques-uns des signes qui caractérisent les produits proprement dits ; ils entrent dans la circulation, forment pour une nation un capital de lumières et de garanties, s'accumulent par leurs effets, sont les meilleures et les plus sûres des richesses. Sur ces caractères, il est vrai, les auteurs varient. Say regarde ce genre de produit comme fugitif, ne pouvant être vendu ni accumulé et se consommant à mesure qu'il est créé. Charles Dunoyer au contraire maintient avec une grande vigueur et dans toute son intégrité la plus large de ces définitions. Le débat reste ouvert et les opinions sont partagées, mais ce n'est là qu'une nuance : au fond, et du plus au moins, les produits immatériels ont leur place et gardent leur nom dans toutes les compilations de l'économie politique.

Est-ce à bon droit ? Il faut distinguer. La science, en rencontrant dans ses recherches un mode d'activité qui n'est pas précisément son objet, a été conduite à le citer, à le classer, à lui donner un nom de son choix ; mais ce nom est blessant pour ceux dont il désigne les travaux, et les analogies sont forcées. Essayez de prouver à un professeur qu'il a un capital d'instruction, il vous répondra qu'il n'entend point cette langue. Félicitez un magistrat de ce qu'il est un producteur de justice, il se révoltera. Ni le médecin, ni l'avocat, ni l'artiste ne consentiront à ce qu'on use, vis-à-vis de leur profession, des mots dont on se sert pour des opérations d'industrie ou de commerce. Tous soutiendront qu'en les traitant ainsi on n'est ni juste ni respectueux. La forme est donc une violence que ne réparent ni les bonnes intentions ni les commentaires ingénieux. Quant au fond, les objections sont si nombreuses qu'elles nous conduiraient trop loin ; il suffit d'en exposer une. Le produit matériel, l'économie politique le prend à l'origine, le suit dans ses préparations, dans ses transformations, dans sa destination ; elle l'accompagne dans les échanges d'individu à individu, de nation à nation ; elle le rapproche de ses auxiliaires naturels, le crédit, le capital, les machines, dont elle est fondée à parler au même titre et avec la même autorité. À aucun de ces degrés, le produit matériel ne lui échappe ; ce n'est pas un incident, mais la raison d'être de la science. Sa compétence est toujours indiscutable et sa doctrine toujours susceptible d'application. En est-il de même pour le produit immatériel ? Nullement. L'économie politique n'a rien à voir dans la manière dont il se forme, point de conseil à donner, si ce n'est ceux de la raison commune ; elle n'a pas de voix légitime dans les études de droit, de médecine, d'art théâtral. La voilà déjà désintéressée pour les origines du produit immatériel. Quand il est formé, alors seulement elle s'en empare malgré lui et en l'humiliant. Elle aperçoit là des services rendus et une valeur affectée à ces services. C'est un moment fugitif, elle le saisit et range le produit immatériel au nombre de ses ressortissants. Que va-t-elle faire pour lui ? Lui enseignera-t-elle comment la justice se distribue, comment la médecine se pratique, quel emploi judicieux l'avocat peut faire de sa parole, l'artiste de sa voix ? Non : elle abandonne à mi-chemin le produit immatériel, tandis qu'elle a suivi jusqu'au bout le produit matériel. Autant elle est à l'aise avec le second, autant elle est mal à l'aise avec le premier. Elle voit que, là ses lois portent à faux. L'échange n'a pas de sens, le crédit, le capital ne sont que des généralités superficielles. Il n'y a plus ni continuité d'influence, ni équivalence de besoin. Était-ce la peine d'enrégimenter des sujets rebelles sur lesquels elle devait si peu agir ?

Insister sur ces goûts d'usurpation, c'est découvrir une des faiblesses les mieux accusées de l'école actuelle. On pourrait en multiplier les exemples. N'a-t-on pas dans son sein mis à l'étude la question de savoir si le droit commercial ne gagnerait pas à se confondre dans le droit civil, et s'il n'y aurait pas avantage à convertir les deux codes en un seul ? Heureusement il s'est trouvé là des jurisconsultes pour répondre que ni les justiciables, ni la justice ne se trouveraient bien de cette promiscuité. Ils auraient pu ajouter que la science dont le nom est inséparable de la division du travail ne saurait être infidèle à son principe, ni en répudier la vertu, à quelque objet qu'il s'applique. C'était un point de doctrine à rappeler ; le surplus de la question allait à une autre adresse. Dans des cas plus isolés, l'algèbre est mise à contribution par des initiés qui se détachent du groupe principal et vont jusqu'au schisme. La langue de l'économie politique ne leur paraissant pas assez rigoureuse, ils la mettent en équations. De là une série de formules pour la richesse des nations et des individus, pour le produit brut et le produit net, pour l'unité et la généralité des existences, pour le capital et le revenu. Qui sera juge de l'exactitude de ces équations ? Beaucoup d'économistes y seraient fort empruntés ; elles ne relèvent que des mathématiciens. La confusion naît alors de l'empiétement. C'est ainsi que la liberté d'esprit se perd et que les responsabilités se déplacent : on arrive au chaos par la route la plus directe. Il ne s'agit plus d'une science particulière, mais d'une science qui vise à devenir universelle. Vainement dira-t-on que l'économie politique est fondée à suivre l'activité de l'homme dans toutes les formes que revêt cette activité. Ce sont là des généralités, rien de plus, et on sait où mènent les généralités. La prétention pourrait s'étendre au même titre à la plupart des sciences. Il n'en est point qui ne s'occupe de l'homme pour le servir ou pour l'éclairer ; par des procédés d'induction, elles pourraient sortir aussi de leurs prérogatives légitimes. La médecine pénétrerait dans la philosophie par les fonctions du cerveau, la botanique dans la médecine par les vertus et les propriétés des plantes, la chimie dans la physique et la physique dans la chimie par les points où leurs frontières sont ouvertes, l'action où la composition des corps. Ainsi des autres ; qu'elles cessent de se contenir, l'obscurité commence, et dans la force que l'on cherche, on perd une partie de la force que l'on a.

Un autre écueil pour la science économique est de se jeter avec trop d'empressement dans les débats de circonstance. Le monde des affaires est une arène où les intérêts aux prises cherchent partout des auxiliaires à l'appui de leurs prétentions. On sait combien ces mêlées sont vives, quels coups secrets on s'y porte, quel acharnement on y met. Il y a des millions au bout ; c'est tout dire. Il y a aussi des puissances engagées qui n'éprouvent pas de grands scrupules sur l'emploi des moyens. Il est arrivé des cas où l'économie politique a été prise à partie, on l'a sommée de s'expliquer ; on lui demandait sous forme de conseils le poids de son influence. Ce sont là des situations délicates qu'une science ne doit ni éviter ni rechercher. Il est constant que, dans ce qui est de son ressort, elle a toujours une action indépendante à exercer et une voix désintéressée à faire entendre ; l'occasion est d'autant meilleure pour être écoutée que l'attention est plus profonde. Sur les points en litige et les problèmes soulevés, elle a donc à intervenir dans le sens et dans l'intérêt des principes : son silence serait une sorte d'abdication. Peu importe que chacune des parties n'accepte de son arrêt que ce qu'il aura de favorable ; elle doit le rendre. Le droit et le devoir sont évidents, la compétence est irrécusable ; mais il importe que la défense des doctrines ne ressemble pas à la défense d'un intérêt. Qu'il y ait un procès engagé, peu importe à la science : elle n'en est ni juge, ni arbitre ; tout au plus intervient-elle comme cour de cassation, en négligeant les faits pour maintenir la loi. La même réserve et la même discipline sont à conseiller pour tout ce qui prend la forme d'un engouement fugitif. De loin en loin, il se produit dans l'opinion des courants auxquels résistent seuls les esprits exercés à qui ces scènes sont familières. Une question est soulevée inopinément, et si la veine est heureuse, tout le monde, s'en empare ; il n'est bruit que de cela. Comment se forment ces courants, comment disparaissent-ils, c'est le secret du hasard ; mais quand ils règnent, on peut d'avance prévoir qu'ils disparaîtront aussi vite qu'ils sont nés. Après quelques semaines d'effervescence, il n'y a que les attardés qui s'en occupent. Je n'en citerai qu'un exemple pour rendre sensible le fait que je viens d'indiquer. Sous les règnes précédents, il y eut une campagne ouverte au sujet de la réforme pénitentiaire. Deux camps s'étaient formés : on était pour la mise en cellule ou contre cette peine. Des noms d'une grande valeur furent engagés dans le débat. Ceux qui appuyaient la mesure y voyaient un rempart contre les récidives ; ceux qui la repoussaient se présentaient armés de chiffres terribles contre cette aggravation, au bout de laquelle ils n'apercevaient que mort, cas de folie et d'hébétement. Les choses en restèrent là ; depuis lors on a expédié à petit bruit nos chiourmes à Cayenne, dans le séjour le plus insalubre du monde. Qui s'en est inquiété ? A-t-on dressé des tables de mortalité ? S'il faut en croire un témoignage qui n'est pas suspect, elle dépasse de beaucoup celle de la cellule. Un amiral que la flotte a perdu récemment, et qui avait administré une de nos colonies, s'en expliquait un jour devant moi avec une franchise militaire. L'entretien était tombé sur les forçats des îles du Salut et du continent voisin. « Oh ! ceux-là, dit-il, ne nous mettent point en peine. À leur arrivée, on leur prend mesure d'une *redingote en sapin*, et ils ne sont pas longtemps à l'endosser. » Cette redingote en sapin a une signification bien funèbre. Qu'en pensent les champions de la réforme pénitentiaire ? Ils se taisent ; l'objet a passé de mode. Un autre exemple peut être tiré de la question de l'esclavage. L'Angleterre, qui, pour l'abolir, avait mis en péril la paix du monde, et s'était constituée la gardienne des mers, assiste aujourd'hui avec indifférence, si ce n'est avec hostilité, à la plus grande entreprise d'abolition que le monde ait jamais vu se produire. Le moment de la désuétude est venu, et il semblerait que, cette heure sonnée, plus les esprits ont été surmenés, plus ils se détendent. La place est livrée à d'autres engouements ; ils se succèdent, la scène n'est jamais vide, et les curieux ne manquent pas. S'agit-il d'associations, il y en a pour tous les goûts, financières, alimentaires, commerciales, industrielles, coopératives, corporatives : vite aux associations ! S'agit-il de lectures, vite aux lectures ; de physique récréative, vite à la physique récréative ! Sérieusement ce sont là pour les sciences qui se piquent d'être exactes des pièges et des périls. Elles ne doivent pas à tout propos et au premier signe sortir du sanctuaire. Leur place est dans des chaires officielles ou libres, mais spéciales. Hors de là, elles sont exposées ou aux surprises des intérêts ou aux aventures de la parole. Qui profite à ces exhibitions mondaines ? Le public ? Il n'emporte que des notions superficielles qui s'effacent dès le lendemain, et faussent parfois son esprit plus qu'elles ne l'éclairent. Les maîtres ? Ils ne se font applaudir qu'aux dépens de leur gravité, et en cherchant à plaire au lieu d'instruire. Ces succès de curiosité sont peu compatibles avec l'économie politique ; elle n'y pourrait viser qu'en se dénaturant ; elle courrait le risque d'être délaissée après une période de vogue.

   À diverses reprises, il est vrai, on a essayé d'en faire une science d'agrément et dépensé beaucoup d'esprit à cette gageure. Le premier essai remonte loin. Dans le courant du siècle dernier, il y avait à Paris un abbé napolitain, nommé Galiani, qui mit le commerce des grains en dialogue, et dont le livre eut un très grand débit. C'était, comme doctrine, sujet à réfutation. Avec les économistes formés dans l'entre-sol de Quesnay, l'abbé Galiani ramenait toute activité et toute richesse aux produits de la terre ; mais, s'il était d'accord sur le fond avec le reste du groupe, il en différait par la manière. La sienne est des plus originales. Il semble se jouer des sujets qu'il traite, et par moments on est tenté de se demander si ses adhésions ne renferment pas un peu d'ironie. C'est de l'économie politique pittoresque ; la forme était trouvée : Galiani y avait montré de l'esprit, Voltaire y mit son génie, seulement il l'employa mal. Quel morceau écrit de verve que son *Homme aux quarante écus* ! Et pourtant cet homme et ses interlocuteurs déraisonnent à perte de vue, ils prennent le contre-pied d'une foule de vérités qu'on ne conteste plus et débitent avec assurance des énormités qu'aujourd'hui un écolier relèverait, par exemple que l'or et l'argent sont le premier et le dernier mot de la richesse d'un peuple, que sa misère provient des emprunts faits au dehors pour ses jouissances ou ses besoins, et que cette misère empirera, si on continue à se ruiner en tabac, café, thé, chocolat et épiceries ! C'est là de l'économie politique à rebours jetée dans un moule incomparable. Avec Voltaire, rien n'est complètement faux ni complètement vrai : quand il va trop loin et s'égare, l'instinct le ramène presque à son insu ; il se relève par un trait qui frappe, un mot qui porte, et tout cela dans une langue, avec un accent de raillerie qui n'ont plus été retrouvés.

Plus près de nous et dans la sphère spéciale de l'économie politique, le genre a été repris et rajeuni. Bastiat par exemple ne se trompait pas d'adresse, il savait où porter ses défis. Prompt à croiser le fer, il a eu de bons jours d'escrime. Son jeu était serré, conforme aux règles des maîtres ; il y ajoutait sa souplesse, sa vigueur, sa dextérité et l'art de mettre son adversaire à découvert sans se découvrir lui-même. Ce duel, ainsi conduit, remplit une suite d'opuscules : dans tous, Bastiat plaît ; dans quelques-uns, il excelle. C'est de l'économie politique en pamphlets et des allures légères avec un fond solide. On a poussé plus loin le désir de la rendre agréable, on l'a mise en romans. L'enseignement en définitive n'a pas grand fonds à faire sur ces fantaisies ; elles lui sont un embarras plutôt qu'un appui, elles fourmillent d'hérésies dont il lui faut extirper le germe avant de semer le bon grain. Comme arme de guerre dans le cours des conflits, ces traits décochés à l'aventure pouvaient être de quelque effet, et tout moyen paraissait bon, la revendication étant ouverte. Une science classée et acceptée est tenue à y regarder de plus près ;

le respect de soi est la condition sous-entendue de l'investiture. Ce retour a eu lieu de lui-même, par la différence des positions, et il est à croire qu'il n'y aura désormais pas plus de romans d'économie politique qu'il n'y a de romans de géométrie.

Cette reconnaissance de la science économique l'assujettit à d'autres obligations. L'Europe et l'Amérique ont pris les devants ; nous avons, pour nous remettre en ligne, bien des pas à faire. Depuis vingt ans, les chaires se sont multipliées en Allemagne ; si la force était dans le nombre, le combat serait inégal. Non-seulement les universités, mais les lycées, les gymnases, même les écoles populaires, ont des professeurs d'économie politique. Ils l'enseignent ou sous son nom reconnu, ou sous le nom de science d'état, et y ont apporté déjà cette confusion dont les Allemands seuls ont le secret. En Angleterre, la marche est plus ferme, et le développement n'est pas moindre. C'est dans le peuple surtout que les notions vérifiées se répandent et sont le mieux goûtées. Il n'est point de collège d'ouvriers, point d'institut mécanique où elles ne figurent sur la liste des cours. Pour les classes moyennes, il reste peu de questions à l'état de problèmes ; ce qui était susceptible de controverse a disparu devant la rectitude du jugement public. Les classes qui vivent d'un travail manuel se sont montrées moins accommodantes : elles étudient, elles discutent, et ce ne sera pas le moindre honneur pour l'économie politique que d'avoir porté la lumière dans des rangs où elle est si lente à pénétrer. En Amérique, dans les états du nord surtout, il n'est si humble citoyen qui n'apprenne dans des écoles gratuites comment le travail humain se comporte à tous ses degrés, comment les produits se créent, se distribuent et se consomment ; c'est la langue familière, tout le monde la parle. C'est également le pays des schismes, et il y en a là-dessus comme sur tout le reste ; mais les schismes passent et fortifient les bonnes croyances. À suivre ce mouvement significatif, nous le retrouverions dans tous les états civilisés, en Italie, en Belgique, en Hollande, en Russie, même dans les Indes. Je ne fais que le signaler, une des tâches de nos professeurs sera de l'approfondir. Il y aurait grand profit à dégager de cet enseignement extérieur tout ce qui peut servir à l'avancement du nôtre, à rechercher, par exemple, en quoi les méthodes positives de l'Angleterre se séparent des spéculations inconsidérées de l'Allemagne, et ce que nous avons emprunté ou fourni à l'une et à l'autre. Cet enseignement comparé serait une nouveauté, et il n'y a pas à insister sur ce qu'il aurait d'utile.

Nous n'aurions point à souffrir du rapprochement ; nous avons peu de maîtres, mais ils se survivent dans leurs écrits, ils se survivent aussi dans quelques hommes éminents qui ont accepté et enrichi leur héritage. La science qui est sortie de là est des mieux constituées ; elle a, au plus haut point, le mérite et le caractère de notre langue, que toutes les diplomaties ont adoptée parce qu'elle est la plus précise qui existe, celle qui dit le mieux et en moins de termes ce qu'il faut dire, sans obscurités comme sans équivoques. Parmi les autorités dont les noms ont franchi nos frontières, nous comptons, parmi les morts, Jean-Baptiste Say et Rossi, et n'avons à nous incliner que devant le nom d'Adam Smith. Quand on a de tels titres pour soi, une infériorité de nombre n'est qu'un accident qui se répare. Nos modèles sous les yeux, nous aurions bientôt regagné le terrain que des préventions obstinées nous avaient fait perdre. L'état des esprits y aide ; il s'est fait sur eux, dans la seule chaire maintenue et hors des chaires par la publicité, un travail d'éducation dont les résultats sont sensibles. Beaucoup de sympathies sont acquises, le goût se prononce, la bienveillance est le sentiment qui domine. Les faits concourent à ce travail des esprits ; ils ont une éloquence qui subjugue mieux que les apologies. Jamais terrain ne fut mieux préparé. L'heure est donc bonne pour faire de l'économie politique sérieuse, de pure doctrine, se renfermant dans ses cadres, se dégageant des superfluités, laissant une empreinte qui la mette à l'abri des vicissitudes de l'opinion. À cette économie politique, il ne faut demander ni ce qu'elle sera ni de quel côté elle portera son influence ; nulle science ne renferme dans son nom et dans l'objet qu'elle se propose des garanties plus sûres et plus évidentes. Elle provient de la liberté et y aboutit. Elle ne pourrait, sans se démentir, en déserter le principe, ni en décliner les conséquences dans tout le domaine où il lui reste des conquêtes à faire et des revendications à exercer.

ISBN : 978-1985740914

www.ingramcontent.com/pod-product-compliance
Lightning Source LLC
Chambersburg PA
CBHW070955220526
45471CB00007B/3033